Warum bist du so wütend, Löwe?

ISBN 978-3-89403-343-9
2. Auflage 2018
Copyright © iskopress, Salzhausen
Text und Illustrationen: Monika Wieber, Darmstadt
Satz und Layout: Evelina Braun
Druck und Bindung: WIRmachenDRUCK, Backnang

Bibliografische Information der Deutschen Bibliothek
Die Deutsche Bibliothek verzeichnet diese Publikation in der
Deutschen Nationalbibliografie; detaillierte bibliografische
Daten sind im Internet über http://dnb.ddb.de abrufbar.

Mehr Informationen über unsere Bücher finden Sie unter
www.iskopress.de
iskopress VerlagsGmbH
Postfach 1263
21376 Salzhausen
Telefon: 04172 7653
Email: iskopress@iskopress.de

Monika Wieber

Warum bist du so wütend, Löwe?

Domino befragt die Tiere

iskopress

Das ist Domino.

Domino ist jetzt vier Jahre alt. Er ist ein
Mischlingshund.

Domino sieht lustig aus. Sein Fell ist weiß,
nur der Kopf ist schwarz mit einem weißen
Dreieck, das sich bis zur Stirn zieht. Und sein
ganzer Körper ist mit großen und kleinen
grauschwarzen Flecken bedeckt.

Domino trägt ein feuerrotes Halsband.

Daran kann ihn jeder erkennen.

Domino ist ein fröhlicher und neugieriger Hund. Er läuft gern herum und schnuppert an allem, was ihm vor die Nase kommt. Sein Freund, der kleine, gelbe Schmetterling begleitet ihn oft dabei.

Heute Morgen liegt Domino entspannt im Garten. Der kleine Schmetterling ist bei ihm. Beide ruhen sich aus und genießen die warmen Sonnenstrahlen.

Plötzlich hören sie wütendes Hundegebell. Und da springt auch schon Dominos Freundin Maxi, die Nachbarskatze, mit einem großen Satz über die Gartenmauer. Ein fremder Hund ist ihr auf den Fersen.

Wie ein Blitz rennt Domino zur Mauer und bellt den
fremden Hund wütend an.
»Bleib weg von meinem Garten und lass meine Freundin
Maxi in Ruhe!«, heißt das in der Hundesprache.
Der fremde Hund knurrt und bellt aufgeregt zurück. Erst
nach einer ganzen Weile lassen die beiden voneinander ab
und der Störenfried verschwindet.

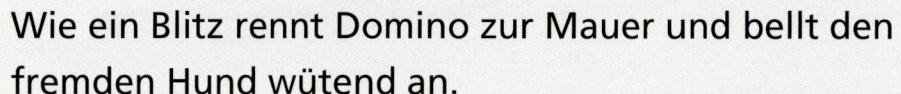

Domino trottet zu Maxi und dem Schmetterling zurück.
Er ist noch immer sehr aufgebracht.
»Ich muss noch ein bisschen herumrennen. Das hilft mir immer, wenn ich wütend bin«, sagt er.
Als er sich beruhigt hat, setzt er sich wieder zu seinen beiden Freunden.
»Meint ihr, auch andere Tiere sind manchmal aufgeregt, zornig oder wütend?«, fragt Maxi nachdenklich.
»Lasst uns losgehen und sie fragen«, schlägt der kleine, gelbe Schmetterling vor.
Domino und Maxi finden die Idee gut und laufen gleich los.
Der kleine Schmetterling kann ihnen kaum folgen.
Es dauert nicht lang, da treffen sie auch schon die ersten zornigen Tiere.

Drei Gänse kommen ihnen entgegen. Sie haben die Hälse
vorgestreckt. Dazu schnattern und zischen sie laut.
Die großen Vögel sehen aus, als wollten sie gleich zubeißen.
»Warum seid ihr so aufgeregt?«, fragt Domino die Gänse.
»Dies ist unsere Weide. Wir wollen hier in Ruhe grasen.
Macht dass ihr wegkommt!«,
antworten die Gänse
unfreundlich.

Wenig später sehen die Freunde zwei Hähne, die sich drohend gegenüberstehen. Sie haben ihre bunten Federn gespreizt und starren einander herausfordernd an.
»Warum seid ihr so wütend, ihr Hähne?«, fragt Domino.
»Wir wollen wissen, wer von uns beiden mutiger, stärker und geschickter ist. Deshalb gehen wir aufeinander los und kämpfen, bis einer von uns das Feld räumt.«

Als Domino, Maxi und der Schmetterling eine Weile weiter
gewandert sind, versperrt ihnen eine Eisbärmutter mit zwei
Jungen den Weg. Sie hat ihr Maul weit geöffnet und die
-Ohren angelegt. Dazu brüllt sie laut und bedrohlich.
»Ich kenne euch nicht. Kommt keinen Schritt näher. Ich muss
meine Jungen beschützen!«
Das ist unmissverständlich.
Domino, Maxi und der Schmetterling
ziehen sich vorsichtig zurück.

Unter einem Baum liegt ein mächtiger Löwe. Er gähnt.
Vorsichtig nähern sich ihm die drei Freunde und Domino
fragt: »Löwe, bist du manchmal wütend?«
»Oh ja«, entgegnet der Löwe. »Wenn jemand unser Rudel
bedroht, kann ich sehr böse werden. Dann versetze ich mit
meinem Gebrüll den Feind in Angst und Schrecken. Ich habe
starke Pranken und beißen kann ich auch. Schaut euch nur
meine Zähne an.«
Domino, Maxi und der Schmetterling gehen rasch weiter.

Kurz darauf taucht ein gewaltiger
Elefantenbulle vor ihnen auf.
Breitbeinig und mit aufgestellten
Ohren steht er da, schwingt
drohend seinen Rüssel und
scharrt mit den Füßen.
»Elefant, warum bist du so
aufgeregt?«, fragt Domino.
»Wenn mir jemand überraschend
nahe kommt – so wie ihr jetzt – dann
fühle ich mich bedroht. Das macht mich
wütend und angriffslustig«, erwidert der
Elefant.

In einer Senke liegt ein kleiner See. Schon von Weitem hören Domino, Maxi und der Schmetterling aufgeregte Vogelschreie. Als sie näher kommen, sehen sie, wie zwei Möwen mit ihren spitzen Schnäbeln aufeinander losgehen. Die großen Vögel schlagen dabei wild mit den Flügeln. Es sieht gefährlich aus.

»Warum streitet ihr euch?«, fragt Domino die Möwen. Erst als eine der beiden davongeflogen ist, bekommen sie eine Antwort: »Seht ihr den Felsvorsprung dort? Da will ich mein Nest bauen. Deshalb verjage ich jeden, der mir den Platz streitig machen will.«

Am anderen Ufer des Sees stehen hohe Bäume. Über
den Köpfen der drei Freunde springt ein Eichhörnchen
blitzschnell von Ast zu Ast. Dabei stößt es eigenartige,
schnalzende Laute aus.

»Eichhörnchen, warum bist du so aufgeregt?«, fragt
Domino.

»Tut mir leid, hab keine Zeit!«, entgegnet das Eichhörnchen
ganz außer Atem. »Seht ihr den Habicht dort oben? Vor
dem muss ich meine Jungen beschützen.«

Und mit einem Riesensatz verschwindet es zwischen den
Zweigen.

Auf ihrer Wanderung stoßen Domino, Maxi und der kleine
Schmetterling auch auf ein Rudel Wölfe. Zwei kräftige Tiere
knurren sich an und blecken drohend die scharfen Zähne.
Einer von ihnen hält mit den Vorderpfoten einen großen
Brocken Fleisch. Der andere hat offenbar
auch Appetit darauf...
Vorsichtshalber machen die
drei einen großen Bogen
um das Rudel.

Am Wegesrand, auf einer wunderschönen, violetten Blüte,
sitzt eine Biene.
»Wirst auch du manchmal wütend, kleine Biene?«, fragen
die drei Freunde das pelzige, braune Insekt.
»Ja, wenn ich mich angegriffen fühle. Und ich werde auch
wild, wenn jemand unseren Honig wegnehmen will.
Mit den anderen Bienen stürze ich mich dann auf
den Dieb und versuche ihn zu stechen«,
antwortet die Biene. »Aber meistens
fliege ich friedlich von Blüte zu
Blüte und sammle Nektar.«

Ein paar Pferde grasen einträchtig auf einer Wiese.
»Die werden bestimmt niemals wütend«, sagt Domino zu
seinen beiden Begleitern.
»Und ob ich wütend werden kann«, mischt sich ein Hengst
ein, der Dominos Worte gehört hat. »Wenn ein wildes Tier
unsere Herde bedroht, dann schlage ich den Angreifer mit
meinen starken Hufen in die Flucht. Und ich kann auch
kräftig zubeißen.«
Der Hengst bäumt sich auf und bläht die Nüstern. Er
schnaubt. Man sieht dabei seine großen Zähne.
Domino, Maxi und der kleine,
gelbe Schmetterling ziehen
weiter.

Krachende Hörner, aufgeregtes Schnauben und Scharren ist zu hören. Zwei Spießböcke kämpfen miteinander. Aus sicherer Entfernung schauen Domino, Maxi und der Schmetterling ihnen zu.
»Die messen ihre Kräfte«, flüstert der kleine Schmetterling.
»Wir wollen sie lieber nicht stören.«

Am Waldrand ruhen sie sich aus. Da hören sie aufgeregtes Zwitschern. Neugierig folgen die drei Freunde den Tönen ins Gebüsch.

»Geht weg, weg von meinem Nest!«, schmettert ihnen eine Amsel wütend entgegen. Heftig schlägt sie dabei mit den Flügeln. Da entdecken Domino, Maxi und der Schmetterling das Nest mit den türkisfarbenen Amseleiern.

Auf dem Heimweg kommen die drei Freunde an
einem Tümpel vorbei. Im flachen Wasser steht
ein mächtiger Wasserbüffel.
»Büffel, wirst du auch manchmal wütend?«,
fragt Domino.
»Wenn jemand die Ruhe unserer Herde
stört, gerate ich in Zorn. Dann mache
ich mich ganz groß, stelle die Ohren
auf und öffne weit die Nüstern.
Ich kann auch furchterregend
schnauben und brüllen. Oder
ich renne los und stürze mich
auf den Störenfried.«

Domino, Maxi und der kleine Schmetterling waren lange unterwegs und haben viele Tiere besucht.

»Das war ein schöner Spaziergang«, sagt Maxi. »Und wir haben viel dabei gelernt.«

»Wir waren auch mutig«, stellt Domino fest, »denn manche Tiere sind nicht ungefährlich, wenn sie aufgeregt oder wütend sind.«

»Vor einigen habe ich mich gefürchtet«, fügt der kleine Schmetterling hinzu.

Wieder zu Hause in ihrem Garten, hören Domino, Maxi und
der kleine, gelbe Schmetterling lautes Fauchen und Miauen.
Da balgen sich zwei kleine Katzen. Ein drittes Katzenkind
kommt gerade dazu.
»Warum seid ihr so böse aufeinander?«, fragt Domino.
»Wir sind nicht böse. Wir spielen nur!«, rufen die Kätzchen
den Freunden zu. »So bekommen wir starke Muskeln und
werden flink und geschickt.«

Zufrieden machen die drei es sich im Garten gemütlich.
Da schaut der fremde Hund, der Maxi am Morgen gejagt
hat, vorsichtig um die Ecke. Die Katze will schon flüchten,
als sie ihn sagen hören: »Das Gartentor stand offen. Darf ich
zu euch kommen? Ich bin neu hier und kenne noch keinen.«
»Du kannst kommen«, antwortet Domino. »Doch du
musst Maxi in Ruhe lassen.
Sie und der kleine, gelbe
Schmetterling sind
nämlich meine
Freunde. –
Wie heißt du?«

»Ich heiße Madosch«, antwortet der
fremde Hund.
»Leg dich zu uns«, fordert der kleine,
gelbe Schmetterling Madosch auf,
»ein Freund ist uns immer willkommen.«
Da mauzt auch Maxi zustimmend und
streckt sich wieder an Dominos
Seite aus.
Jetzt sind sie zu viert.

Domino

Im Sommer 2005 verwüstete der Hurrikan Katrina viele Städte und Dörfer im Südosten der USA. Unzählige Menschen und Tiere verloren ihr Zuhause. Der Sturm vertrieb auch Dominos Eltern aus New Orleans und machte die beiden zu sogenannten »Hurricane Katrina strays«, zu streunenden Hunden.

Domino kam in einem Tierheim in Louisiana zur Welt. 2008 brachte ihn die kanadische Tierschutzorganisation SPCA (Society for the Prevention of Cruelty to Animals) zusammen mit anderen herrenlosen Hunden nach Hamilton, Ontario. Einige Zeit später nahmen ihn meine Freunde Krista und Lars bei sich auf. Seitdem lebt Domino glücklich mit ihnen in Stoney Creek, Ontario.

Monika Wieber

Mit der Wut
umgehen lernen

Wut und Zorn sind Gefühle,
Gefühle sind Energie,
Energie ist Bewegung,
Bewegung will im Fluss bleiben,
ein Stopp wirkt wie ein Stau,
ein Stau erzeugt Druck,
Druck erzeugt im Körper Schmerz.

Wenn Kinder wütend werden, so steckt dahinter meist eine tief liegende Frustration und die Angst, dass sie übersehen und ihre Bedürfnisse missachtet werden könnten. Kinder müssen sich ständig anpassen, Anweisungen befolgen und Grenzen akzeptieren, deren Sinn sie oft nicht verstehen. Auch wohlmeinende Erziehung kann nicht immer »gerecht« sein. Außerdem sind viele Kinder Einflüssen ausgesetzt, die es ihnen schwer machen, mit Frustrationen, Ärger und Zorn sinnvoll umzugehen.

Wir alle sind täglich mit Aggressionen konfrontiert. Wir beobachten sie bei anderen, erfahren die Auswirkungen in den Medien und reagieren in bestimmten Situationen selbst aggressiv. Wir sind dann wütend, zornig, ärgerlich, feindselig, gereizt, aufgeregt und auch ängstlich. Diese »negativen« Empfindungen gehören zu uns wie Freude, Angst und Trauer. Dies gilt für Kinder wie für Erwachsene.

Aggressives Verhalten ist wie Fluchtverhalten eine Schutzreaktion von Mensch und Tier. Körperliche Gewalt, soziale Ausgrenzung, Ablehnung, Demütigung etc. wecken in uns Gefühle von Wut, Zorn, Ärger, Hass, Feindseligkeit und von Angst. Aggressives Verhalten kann außerdem als Signal und Hilferuf verstanden werden. Es kann bedeuten: »Ich bin mit meiner Situation sehr unzufrieden. Ich versuche etwas zu tun, doch es gelingt mir nicht. Ich wünsche mir etwas, aber ich bekomme es nicht.«

Wut ist die am wenigsten geduldete Emotion in unserer Gesellschaft. Da aggressives Verhalten außerdem mit negativen Empfindungen einhergeht, wagen viele es nicht, ihre aggressiven Gefühle zu zeigen. Doch wenn die zugrunde liegenden Wünsche und Bedürfnisse übergangen werden, kann immer mehr Wut, Groll, Ärger und Angst entstehen, und die Gefahr wächst, dass die Gefühle schließlich »überkochen«. Für den praktischen Umgang mit unseren aggressiven Gefühlen heißt das: Wir müssen zunächst wieder lernen, diese

Gefühle wahrzunehmen sowie unsere Wünsche und Bedürfnisse zu erkennen und zu äußern. Dann erst können wir, im zweiten Schritt, neue Ausdrucksweisen erlernen, die nicht verletzend sind und die uns helfen, unsere Bedürfnisse zu befriedigen.

Was bedeutet das für den Umgang mit Kindern, die häufig zornig oder wütend sind? – Gespräche und die Auseinandersetzung mit aggressiven Gefühlen sollten immer in einer ruhigen Atmosphäre stattfinden. Als oberstes Prinzip gilt: Ist es bereits zur Eskalation, zum Wutausbruch gekommen, müssen sich zunächst alle Beteiligten beruhigen. Herrscht wieder eine entspannte Atmosphäre, können wir mit der Lösung beginnen. Dies kann in vier Schritten geschehen:

1. Warum bin ich wütend? – Wut erkennen, eingestehen, akzeptieren und ausdrücken – verbal oder mit anderen Mitteln. Die zugrunde liegenden Wünsche und Bedürfnisse bewusst machen und äußern. Gefühle und Körperwahrnehmungen beschreiben. Da vielen Kindern das Sprechen über diese Dinge schwerfällt, stellen wir ihnen andere Ausdrucksformen zur Verfügung: Gefühle können z.B. gemalt, musikalisch ausgedrückt, mit Ton geformt, mit Stofftieren, Handpuppen o.Ä. inszeniert werden.

2. Was mache ich, wenn ich wütend bin? – Falls möglich, über die eigenen und familiären Wutmuster sprechen. (Richtet sich die Wut z.B. eher nach innen oder nach außen?) Welche Konsequenzen hat dieses Verhalten?

3. Was beruhigt mich? – Wie kann ich meine eigenen Ressourcen aktivieren und/oder Hilfe von anderen bekommen?

4. Was kann ich anders machen? – Suche nach neuen Lösungswegen: Wie kann ich anders mit meinen Gefühlen umgehen? Wie kann ich dafür meinen Verstand benutzen? Wie kann ich meine Wünsche und Bedürfnisse besser befriedigen?

Botschaften des Bilderbuchs

- Die Tiere haben die unterschiedlichsten aggressiven Gefühle: Wut, Zorn, Ärger, Feindseligkeit.
- Die Tiere zeigen diese Gefühle.
- Kein Tier wird dabei bewertet.
- Aggressive Gefühle entstehen in bestimmten Situationen: Der Lebensraum, die Nahrung, die Nachkommen oder das Leben selbst sind bedroht.
- Jedes Tier hat einen eigenen Lösungsweg.
- Ausgelebte Aggression ist gefährlich – sowohl für den Angegriffenen wie für den Aggressor; sie kann seelisch und körperlich verletzen.
- Freunde geben Sicherheit

Aktivitäten, die helfen, mit Ärger, Zorn und Wut umzugehen

1. Der zornige Löwe: Abwechselnd verwandeln sich Kind und Erwachsener in ein zorniges Tier ihrer Wahl und demonstrieren dessen typische Art, seinen Ärger oder seine Wut zu zeigen. Der andere rät, um welches Tier es sich handelt.
2. Zwölf wütende Wesen: Erst nennt das Kind zwölf Menschen und/oder Tiere, die sich manchmal ärgern oder wütend werden, dann der Erwachsene.
3. Heißes Kissen: Die Familie sitzt im Kreis, eine Person auf einem Kissen. Jedes Familienmitglied sagt dieser Person, was er an ihr mag und was ihn an ihr stört. Die/der Angesprochene schweigt dazu. Dann setzt sich der Nächste auf das Kissen.
4. Zornige Töne: Abwechselnd nennen Kind und Erwachsener ein zorniges Tier, der andere macht die dazu passenden Töne.
5. Großer Ball der Wut: Einer nach dem anderen darf alte Zeitungen in Stücke reißen. Bei jedem Riss muss die/der Betreffende sagen, worüber er ärgerlich oder wütend ist. Die Zeitungsfetzen werden anschließend zum Ball geformt. Mit dem Ball kann zum Schluss eine Runde gespielt werden.
6. Geist aus der Flasche: Abwechselnd darf jeder den Korken aus einer Flasche ziehen und sagen, was ihn stört/ärgert/wütend macht. Dann wird die Flasche wieder geschlossen und weitergegeben.
7. Die Wut der Elemente: Bild malen zu den Themen: Vulkan, Sturm, Orkan auf dem Meer, Erdbeben.
8. Ich bin wütend: Bild malen zum Thema »Wie ich mich fühle, wenn ich wütend bin«.
9. Monsterbilder: Das Kind malt das Bild eines wütenden Monsters und sagt anschließend, worauf das Monster so wütend ist.
10. Dämon aus Ton: Das Kind formt aus Ton einen zornigen Dämon und erklärt, was den Dämon zornig macht.

Literaturempfehlungen

Bauer, Joachim: »Schmerzgrenze«, Blessing 2011
Cierpka, Manfred: »Faustlos«, Herder, 8. Aufl. 2011
Furmann, Ben: »Ich schaff's!«, Carl Auer 2008
Oaklander, Violet: »Gestalttherapie mit Kindern und Jugendlichen«, Klett-Cotta, 15. Aufl. 2011
Bischoff, Anne/Schick, Andreas/Zöller, Elisabeth: »Unschlagbar – Das Buch, das dich gegen Gewalt stark macht«, Fischer, 3. Aufl. 2010

Mehr Therapeutische Bilderbücher

Monika Wieber

Domino und die Angst
Ein therapeutisches Bilderbuch

Hardcover, 48 Seiten, farbig illustriert
ISBN 978-3-89403-349-1

Das Bilderbuch bietet kleinen und großen Betrachtern die Möglichkeit, sich vom Gefühl der Angst zu distanzieren, um so das Gefühl anerkennen und erforschen zu können.

Monika Wieber

Warum bist du so traurig, Wolf?
Domino befragt die Tiere

Hardcover, 48 Seiten, farbig illustriert
ISBN 978-3-89403-368-2

Das Buch macht Mut, sich mit den schmerzlichen Themen von Trennung und Verlust auseinanderzusetzen, die Gefühle von Trauer, Wut, Angst und Hilflosigkeit anzunehmen und mit Abstand zu betrachten.

Eva Orinsky

Willi und sein Wüterich

Hardcover, 45 Seiten, farbig illustriert
ISBN 978-3-89403-373-6

Es gibt Kinder, die in Momenten der Überforderung ihre Gefühle nicht im Zaum halten und nur mit Aggression reagieren können. Das Buch will den betroffenen Kindern und ihren Eltern helfen, besser mit starken Emotionen umgehen zu lernen..

Für nähere Informationen fordern Sie bitte unser Gesamtverzeichnis an:

iskopress, Postfach 1263
21373 Salzhausen
Telefon 04172/7653
Fax 04172/6355
Email iskopress@iskopress.de
www.iskopress.de